The Grandfather Teachings
-Humility-

from the **365 Bedtime Stories Collection**

WRITTEN & ILLUSTRATED BY

Querida Lu Ahn Funck

Las Enseñanzas del Abuelo
-Humildad-

De la Colección 365 Cuentos para la hora de dormir

The Grandfather Teachings

-Humility-

from the **365 Bedtime Stories Collection**

WRITTEN & ILLUSTRATED BY

Querida Lu Ahn Funck

Las enseñanzas del abuelo: La Humildad

de la colección 365 Cuentos Para Dormir

ESCRITO E ILUSTRADO POR

Querida Lu Ahn Funck

-DEDICATION-

Grandfather Teachings is dedicated
to my grandchildren
Brodie & Izabelle Watts.

*May you hold the Grandfather Teachings in your heart
and let them guide you in your life to live and love fully.*

-Gramma Q-

-DEDICATORIA-

Las enseñanzas del abuelo: La Humildad está dedicado
a mis nietos
Brodie e Izabelle Watts.

*Guarda en tu corazón las enseñanzas del abuelo
y déjalas guiarte en tu vida para vivir y amar plenamente.*

-Abuela Q-

Once Upon a Time...

Había una vez...

Forward

In North America, many of the First Nations share the belief in the wisdom of the Grand-

fathers, the spirit of our ancestors, being passed down to us in The Grandfather Teachings

and through study and communion with our spirit animals.

Primeras Palabras

En Norteamérica, muchos de los pueblos originarios comparten la creencia en la sabiduría de los Abuelos, el espíritu de nuestros antepasados, que se nos transmite en Las Enseñanzas de los Abuelos y a través del estudio y la comunión con nuestros animales espirituales.

Beshkno walked out of the house with his hands stuffed tight in his pockets. He frowned, furrowed his brow, and dropped his chin to his chest. He was not happy. In fact, he was mad. He kicked at the stones on the path as he made his way across the yard to his grandfather, who was playing with Beshkno's little sister, Kewanee, in the shade of the big maple tree.

Grandfather saw the boy approaching. He tickled Kewanee's nose with a flower and told her, "Oh-oh. A storm is coming. Better take cover, Kee-Kee!" He tossed the toddler's blanket up over her face, making her giggle. He pulled the blanket down and said, "Boo!" with an exaggerated face. Kewanee giggled again.

Beshkno salió de casa con las manos metidas en los bolsillos. Tenía el ceño fruncido, la frente arrugada y la barbilla contra su pecho. No estaba contento. De hecho, estaba furioso.

Pateaba las piedras del camino mientras cruzaba el patio en dirección a su abuelo, que jugaba con su hermanita Kewanee, bajo la sombra del gran arce.

Al ver acercarse al niño, el abuelo hizo cosquillas a Kewanee en la nariz con una flor y le dijo:

—Oh, oh. Viene una tormenta. Será mejor que te pongas a cubierto, Kee-Kee.

Le tapó la cara con la manta, haciéndole soltar una risita. Tiró de la manta hacia abajo y dijo "¡Buh!" Con una mueca tan exagerada que hizo reír nuevamente a Kewanee.

Beshkno plopped down onto the grass beside Kewanee and started pulling at the grass by his feet.

"What did the grass do to you, Little Bee?" Grandfather asked.

"Nothing!" Beshkno replied in a sour tone, tossing the grass back to the ground.

"Then perhaps we can leave it to grow where it is for now," Grandfather urged. "What has hurt your feelings?" he asked.

"Mom," Beshkno said.

Grandfather raised an eyebrow and Beshkno sighed. "Mesho," he pleaded to his grandfather, "I just wanted some of the cookies she's making. They smell so good!" Grandfather's eyebrows lowered over his understanding eyes, and he waited for Beshkno to tell him more.

Beshkno se dejó caer en la hierba junto a Kewanee y empezó a arrancar la hierba.

—¿Qué te ha hecho la hierba, Abejita? —preguntó el abuelo.

—¡Nada! —respondió Beshkno, enojado, y arrojó la hierba al suelo.

—Entonces tal vez podamos dejarla crecer por ahora —le rogó el abuelo—. "¿Qué es lo que te tiene tan triste?

—Mamá —dijo Beshkno.

El abuelo enarcó una ceja y Beshkno suspiró.

—Mesho —dijo con tono de súplica—, yo sólo quería algunas de las galletas que está cocinando mamá. Huelen tan bien…

El abuelo entrecerró los ojos con gesto comprensivo y esperó a que Beshkno le contara más.

"I got in her way and a bunch of eggs fell on the floor. She told me to come find you so you can teach me grandfather things," Beshkno told him, in equal parts dread and annoyance.

Grandfather chuckled. Beshkno curled his fingers into the grass again but stopped when he heard Grandfather cluck his tongue at him in disapproval. Beshkno spread his fingers and patted the grass down.

"I think your mother meant it was time for you to learn about the Seven Grandfathers and the Grandfather Teachings. You are far too young to be a grandfather. All things in time," he said, continuing to chuckle to himself.

"Who are the Seven Grandfathers, Mesho?" Beshkno asked.

—Me crucé en el camino de mamá e hice caer un montón de huevos al suelo. Entonces ella me dijo que viniera a hablar contigo para que me enseñaras cosas de abuelos —explicó, a la vez temeroso y enfadado.

El abuelo se rio entre dientes. Beshkno volvió a tironear la hierba con los dedos, pero se detuvo al oír que el abuelo chasqueaba la lengua en señal de desaprobación. Beshkno abrió los dedos y dejó en paz la hierba.

—Creo que tu madre quería decir que ya era hora de que aprendieras acerca de los Siete Abuelos y las Enseñanzas del Abuelo. Tú eres demasiado joven todavía para ser abuelo, todo a su tiempo —dijo, y continuó riéndose bajito.

—¿Quiénes son los Siete Abuelos, Mesho? —preguntó Beshkno.

"The Seven Grandfathers are powerful spirits who watch over people," Grandfather said as he handed the flower to Beshkno. He then gestured toward Kewanee. "Help me entertain your sister, and I will tell you about them."

Beshkno took the flower and tapped Kewanee's nose with the petals. His sour mood lifted a tiny bit when she opened her mouth and tried to eat the flower.

"The Seven Grandfathers watch over all people. Their story and teachings are found in many tribes and go back through time. Their teachings are the gifts they gave to us to help guide us and teach us how to act. How we should treat ourselves and each other," Grandfather said.

—Los Siete Abuelos son poderosos espíritus que nos miran —dijo el abuelo, dándole una flor a Beshkno y haciendo un gesto hacia Kewanee—. Ayúdame a entretener a tu hermanita y te contaré sobre ellos.

Beshkno tomó la flor y rozó con sus pétalos la nariz de Kewanee. Su mal humor mejoró cuando su hermanita abrió la boca e intentó comerse la flor.

—Los Siete Abuelos observan a las personas. Su historia y sus enseñanzas se encuentran en muchas tribus y permanecen en el tiempo. Sus enseñanzas son regalos que nos dan para guiarnos y enseñarnos cómo actuar, cómo debemos tratarnos a nosotros mismos y a los demás —dijo el abuelo.

Beshkno handed the flower to Kewanee and turned his head to look up at his grandfather.

Grandfather brushed Beshkno's dark hair from his eyes and continued, "It is said that a long time ago they came to see how the people were living. They were very disappointed by what they found. The people were living in a bad way. A negative way. Do you understand what I mean by negative?"

"I think so," Beshkno said. "In math, negative is when you take something away. It's less than something else."

"Exactly, Little Bee." Grandfather smiled. "The Seven Grandfathers found that the people's thoughts and actions were very negative. The people made choices and said words that were hurtful and mean.

Beshkno le dió la flor a Kewanee y se volvió a mirar a su abuelo.

El abuelo le apartó el oscuro cabello de los ojos y continuó:

—Se dice que hace mucho tiempo 'Ellos' vinieron a ver cómo vivía la gente, y quedaron muy decepcionados con lo que encontraron. La gente vivía muy mal, de una manera negativa. ¿Entiendes lo que quiero decir con "negativa"?

—Eso creo —dijo Beshkno— En Matemáticas, algo negativo es cuando quitas algo. Es menos que otra cosa.

—Exacto, abejita —sonrió el abuelo—. Los Siete Abuelos se encontraron con que los pensamientos y las acciones de las personas eran muy negativas. La gente decidía y hacía cosas feas e hirientes.

They were full of sadness, anger, hate, and jealousy. They did not trust each other. They told lies and cheated others to satisfy their own wants… to have more, even when there was no need. Pride and shame filled people's lives."

Beshkno grew anxious as his grandfather spoke. "That sounds really bad, Mesho. What did The Grandfathers do?" he asked.

Grandfather eased himself down to the ground to sit close to Beshkno and Kewanee. He patted Beshkno's hand reassuringly then smiled at Kewanee. "They found a child. Someone full of innocence, joy, and curiosity… like little Kee-Kee here. Someone not hardened to the world. Someone full of love. Someone who had not learned how to lie and was open to truth." Grandfather looked into Beshkno's eyes. "Those are two of the Grandfather Teachings, Little Bee – Love and Truth," he said.

Estaban llenos de odio, tristeza, enojo y envidia. No confiaban unos en otros. Decían mentiras y se burlaban de los demás solo para satisfacer sus deseos, para tener más… incluso cuando no había necesidad. La vida de la gente estaba llena de arrogancia y vergüenza.

El interés de Beshkno crecía mientras más hablaba su abuelo.

—Eso suena muy mal, Mesho. ¿Qué hicieron los abuelos? —preguntó.

El abuelo se acomodó en el suelo para sentarse cerca de Beshkno y Kewanee. Dió unas palmaditas tranquilizadoras en la mano de Beshkno y sonrió a Kewanee.

—Encontraron un niño. Alguien lleno de inocencia, alegría y curiosidad... como la pequeña Kee-Kee. Alguien no endurecido ante el mundo. Alguien lleno de amor. Alguien que no había aprendido a mentir y estaba abierto a la verdad. —Y continuó, mirando a los ojos a Beshkno—: Ésas son dos de las Enseñanzas del Abuelo, Abejita: el Amor y la Verdad.

"The Grandfather Teachings have been passed down from generation to genera-tion. The elders teach these lessons to the young ones. And now, your mother has sent you to me so that I may teach them to you. You will learn about the Grandfather Teachings in many stories and celebrations in your life. And you will come to recognize them in the world around us, in the animals, and in people and their actions."

"In the animals?" Beshkno asked.

Grandfather nodded. "Yes, the seven teachings are these: Humility, Bravery, Honesty, Wisdom, Truth, Respect, and Love. The teachings live within all of us. People and animals. We can find them if we listen and let them grow inside us. They will help you feel more con-nected to everyone - people and animals."

—Las Enseñanzas del Abuelo se han transmitido de generación en generación. Los ancianos enseñan estas lecciones a los jóvenes. Y ahora, tu madre te ha enviado para que yo te las enseñe a ti. Aprenderás sobre las Enseñanzas de los Abuelos en muchas historias y celebraciones en tu vida. Y llegarás a reconocerlas en el mundo que nos rodea, en los animales, y en las personas y sus acciones.

—¿En los animales? —preguntó Beshkno.

El abuelo asintió.

—Sí, las siete enseñanzas son éstas: Humildad, Valentía, Honestidad, Sabiduría, Verdad, Respeto y Amor. Estas enseñanzas viven dentro de todos nosotros. En las personas y en los animales. Podemos encontrarlas si las escuchamos y las dejamos crecer en nuestro interior.

Te ayudarán a sentirte más conectado con todos: personas y animales.

"How?" Beshkno asked.

Grandfather picked up Kewanee and bounced her on his lap while he thought for a moment. "Think about the wolf. The wolf is part of a pack. They are his family. The greatest shame a wolf can feel is to be cast out of the pack, right?"

"Oh, yes. That would be terrible!" Beshkno agreed.

"The wolf lives a humble life. His path is Humility. He does not put his own importance ahead of the needs of others. He knows he is part of the pack. He lives selflessly and does things to serve others, like sharing his food and taking his turn watching the young cubs. He respects others and the pack elders. He does not let his wants and needs become more important than them," Grandfather explained.

—¿De qué forma? —preguntó Beshkno.

El abuelo levantó a Kewanee y la hizo rebotar en su regazo mientras pensaba un momento.

—Piensa en el lobo. El lobo forma parte de una manada. Ellos son su familia. La mayor vergüenza que puede sentir un lobo es ser expulsado de la manada, ¿verdad?.

—Oh, sí. Eso sería terrible —coincidió Beshkno.

—El lobo vive humildemente. Su camino es la humildad. No antepone su propia importancia a las necesidades de los demás. Sabe que forma parte de la manada. Vive desinteresadamente y hace cosas para servir a los demás, como compartir su comida y turnarse para cuidar a los cachorros. Respeta a los demás y a los ancianos de la manada. No deja que sus deseos y necesidades sean más importantes que los demás —explica el abuelo.

"Like I did today, bugging mom about the cookies?" Beshkno asked.

Grandfather smiled at him and tapped Beshkno's nose with his finger. "You are a wise boy. You can see the lessons of the Grandfather Teachings in the wolf and in your own actions." Beshkno grinned, full of pride. His grandfather patted his shoulder and said, "This is good. But this is not all, Little Bee." Beshkno's smile became uncertain. "This is only the first step in learning. You know what 'humility' is supposed to mean, and you have heard the lesson from the wolf."

Grandfather paused to let Beshkno absorb his words. "What you do with it now, the actions you take, is learning. What will you do with it?" Grandfather asked.

—¿Como hice hoy, molestando a mamá con las galletas? —preguntó Beshkno.

El abuelo le sonrió y le tocó la nariz con un dedo.

—Eres un chico sabio. Puedes ver las lecciones de las Enseñanzas del Abuelo en el lobo y en tus propias acciones. Beshkno sonrió, lleno de orgullo. Su abuelo le dio una palmadita en el hombro y dijo:

—Eso está bien. Pero esto no es todo, Abejita.

La sonrisa de Beshkno se volvió insegura. —Éste es sólo el primer paso del aprendizaje. Ya sabes lo que significa "humildad" y has oído la lección del lobo.

El abuelo hizo una pausa para dejar que Beshkno absorbiera sus palabras.

—Lo que hagas con esto ahora, las acciones que emprendas, todo es aprendizaje. ¿Qué harás con esto? —preguntó el abuelo.

What happened next?

What do you think Beshkno did next?

What can you do to help others?

What can the animals in your life teach you?

¿Qué pasa después?

Qué piensas que hizo Beshkno después?

¿Qué puedes hacer tú para ayudar a los demás?

¿Qué pueden enseñarte los animales que conoces??

**I hope you enjoy your time with
The Grandfather Teachings.**

Consider sharing this book with a friend.

**Espero que disfrutes tu tiempo con
Las enseñanzas del abuelo**

Considera compartir este libro con un amigo.

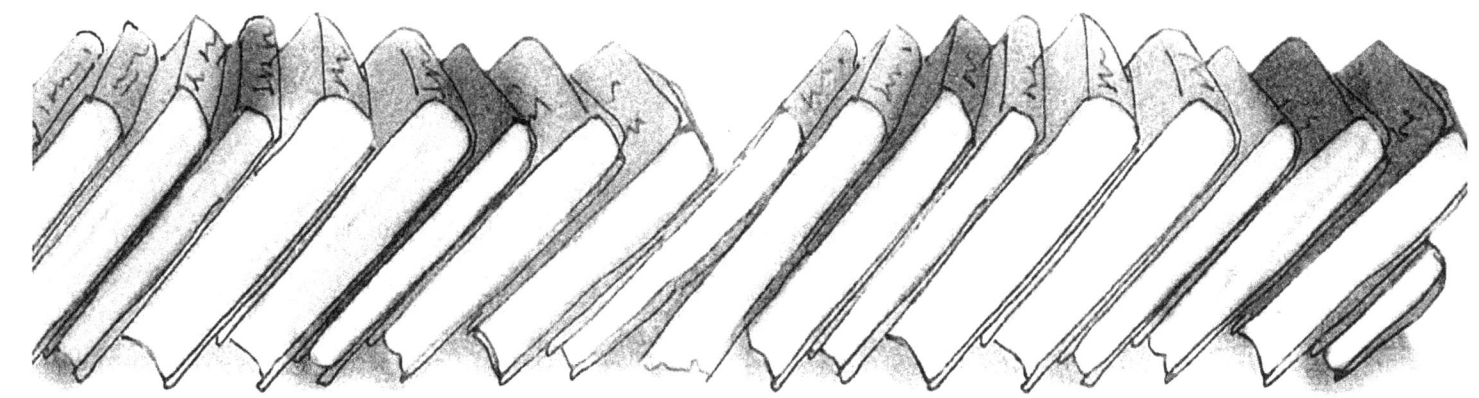

Sign up for New Releases
on my website
www.lemeryhousepress.com
or
email me at
Querida@lemeryhousepress.com.

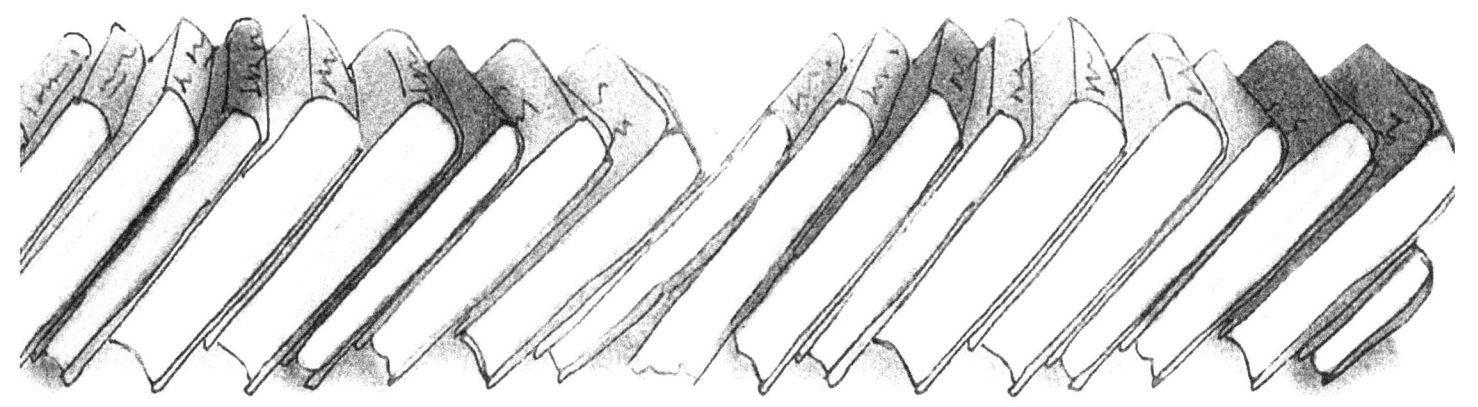

**Regístrese para nuevos lanzamientos
en mi sitio web
www.lemeryhousepress.com**

**envíame un correo electrónico a
Querida@lemeryhousepress.com.**

The 365 Bedtime Stories Collection

The 365 Bedtime Stories Collection starts with an illustration meant to inspire and ignite your imagination.

Each is paired with a short story that starts with "Once upon a time…." The story expands around the illustration before asking, "What happens next?"

The illustrations are full of color, details, action or mood that pull on your imagination in a manner that you just can't help but answer the question. Each time you or your child reads the book, you have the chance to write a new story. To explore new paths. And to set your imagination free!

Enjoy.

Querida

La Colección
de 365 Cuentos Para Dormir

La colección 365 Cuentos para Dormir comienza con una ilustración destinada a inspirar y encender la imaginación.

Cada imagen va acompañada de una breve historia que comienza con "Érase una vez...", se expande en torno al dibujo y luego pregunta: "¿Qué pasa después?"

Las ilustraciones, detalladas y llenas de color, acción y emoción, incentivan la imaginación de tal manera que no puedes evitar responder a la pregunta. Cada vez que tú o tu hijo lean el libro tendrán la oportunidad de escribir una nueva historia, explorar nuevos caminos y dar rienda suelta a su imaginación.

¡Disfruta de esta colección!

About the Author/Illustrator

"From a very early age, I was taught that there were stories in art and an art to telling stories."

Querida grew up in Monroe, Wisconsin (USA). She learned to draw from her mother who was an accomplished landscape artist and began selling portraits while still a teenager.

She turned to cartooning as a college student and wrote home in comic strip format with "The Adventures of Jacky and Sir" using the family dogs as a substitute for her adventures. While home on break, she created pen and watercolor fashion plates for a local boutique in Monroe, Wisconsin.

After college, she became known as "Sally," the pen-named political cartoonist of Two Cents Worth, for the Wisconsin Counties Magazine. Her first picture book was "The Christmas Leprechaun", written as a Christmas present for her father-in-law and his grandchildren. Years later she would study with Caldecott Medal Winner David McLiman, and venture into creating stories and books for her own grandchildren.

Sobre la Autora/Ilustradora

*"Desde muy pequeña me enseñaron que había
historias en el arte y un arte para contar historias".*

Querida creció en Monroe, Wisconsin (Estados Unidos). De su madre, consumada paisajista, aprendió a dibujar y siendo muy joven comenzó a vender retratos.

Mientras estudiaba en la universidad se aficionó a la caricatura, y desde su casa escribió, en formato de cómic, "Las aventuras de Jacky y Sir", utilizando a los perros de la familia como persoajes de sus aventuras. Cuando estaba en casa por vacaciones, creaba láminas de moda a pluma y acuarela para una boutique local de Monroe, Wisconsin.

Terminada la universidad se dio a conocer como "Sally", la caricaturista política de Two Cents Worth, para la revista Wisconsin Counties Magazine. Su primer libro ilustrado fue "The Christmas Leprechaun", escrito como regalo de Navidad para su suegro y sus nietos. Años más tarde estudiaría con el ganador de la Medalla Caldecott, David McLiman, y se aventuraría a crear historias y libros para sus propios nietos.

About the Translator

Mariela Riva was born in and has always lived in Argentina. As a child she became passionate about languages and literature. From a very young age, she wrote poetry and plays.

At the university she studied teaching and English translation. She has worked for many years as an English and Spanish teacher. In 2008 she began doing technical, scientific, and literary translations as a freelancer. With her knowledge of English and her training in literature, literary translation is a perfect combination of her two great passions, and it is a job she thoroughly enjoys.

She is now married with three young children and fulfilling her dream of translating children's books which she then shares with her own children.

Translation Service English/Spanish and Spanish/English. Also, transcripts, English conversation practice and virtual classes. Inquiries to e-mail somostranslarte@gmail.com or WhatsApp +5492214974782

Sobre la Traductora

Mariela Riva nació y vivió siempre en Argentina, y siendo una niña   se apasionó por los idiomas y la literatura. También desde muy joven escribió poesías y obras teatrales.

En la universidad estudió profesorado en letras y traductorado de inglés. Se ha desempeñado durante muchos años como profesora de inglés y español y desde el año 2008 realiza traducciones técnicas, científicas y sobre todo literarias, como traductora independiente. Con su conocimiento de inglés y su formación en literatura, la traducción literaria le parece una combinación perfecta de sus cos grandes pasiones y es un trabajo del que disfruta plenamente.

Ahora, casada y con tres hijos pequeños, cumple su sueño de traducir libros para niños, que luego comparte con sus propios hijos.

Servicio de Traducciones inglés/español y español/ inglés. También, transcripciones, prácticas de conversación en inglés y clases virtuales. Consultas al e-mail somostranslarte@gmail.com o al WhatsApp +5492214974782

www.ingramcontent.com/pod-product-compliance
Lightning Source LLC
Chambersburg PA
CBHW041155120626
46547CB00020B/3225